INTRODUÇÃO

Olá, sou Brian Dias, tenho 30 anos e nos últimos 4 anos tenho me dedicado a entender como pequenas mudanças nas nossas finanças podem levar a grandes melhorias na qualidade de vida. Decidi criar este e-Book porque acredito que a liberdade, financeira é um direito de todos, e quero compartilhar com você as estratégias que fizeram a diferença na minha jornada

Este guia foi criado para ser seu aliado na jornada rumo à liberdade financeira. Em 90 dias, você aprenderá a cortar gastos desnecessários, implementar hábitos financeiros saudáveis e, o mais importante, descobrir novas maneiras de aumentar sua renda. Se você seguir as dicas e planos apresentados aqui, não apenas conseguirá reduzir suas despesas, mas também abrirá portas para novas oportunidades financeiras

Por que 90 dias? Porque este é um período que equilibra ação imediata com resultados visíveis. Em três meses, você pode formar novos hábitos, ver sua conta bancária crescer e ganhar confiança para continuar melhorando suas finanças. Este e-Book foi desenhado para maximizar seu progresso dentro desse prazo, garantindo que você veja resultados concretos.

O e-book está dividido em oito capítulos principais, cada um focado em um aspecto crucial das finanças pessoais. Começaremos avaliando sua situação atual, em seguida, passaremos para estratégias de redução de gastos, fontes de renda extra, e finalizaremos com um plano de ação de 90 dias para garantir seu sucesso financeiro. Cada capítulo é repleto de dicas práticas, exemplos reais e ferramentas úteis para ajudar você a progredir de forma consistente.

Lembre-se, as mudanças que você está prestes a fazer podem parecer pequenas, mas elas têm o poder de transformar completamente sua vida financeira. Este é o primeiro passo em uma jornada que não só mudará sua conta bancária, mas também trará mais segurança, liberdade e paz de espírito para você e sua família. Vamos começar!

ÍNDICE

Capítulo 1 Avaliando sua situação financeira atual 03

Capítulo 2 Estratégias práticas para reduzir gastos 08

Capítulo 3 Desafios de 30 dias para reduzir gastos 11

Capítulo 4 Plataformas de freelancer 13

Capítulo 5 Mentalidade Financeira 15

Capítulo 6 Estratégias de Compras 16

Capítulo 7 Economia Compartilhada 17

Capítulo 8 Educação Financeira: O Alicerce da Prosperidade 20

Análise de Gastos

A análise de gastos envolve revisar todas as suas despesas para entender para onde está indo seu dinheiro. É o ponto de partida para qualquer esforço de redução de custos, pois permite identificar onde você pode cortar ou otimizar gastos.

Como Realizar a Análise de Gastos?

- **Reúna Seus Extratos**: Comece coletando extratos bancários, faturas de cartão de crédito e recibos dos últimos três a seis meses. Isso lhe dará uma visão completa de seus hábitos de consumo.

- **Classifique as Despesas**: Categorize suas despesas em grupos como moradia, transporte, alimentação, saúde, entretenimento, entre outros. Isso ajuda a ver onde você gasta mais e onde há oportunidades de economia.

- **Identifique Gastos Fixos e Variáveis**: Separe os gastos fixos (aluguel, prestações) dos variáveis (entretenimento, alimentação fora). Os gastos variáveis são geralmente onde há mais espaço para cortes.

- **Calcule a Média Mensal**: Para cada categoria, calcule a média de quanto você gasta por mês. Isso fornecerá um valor de referência para avaliar se está dentro do esperado ou se há excesso em alguma área.

Exemplos Práticos

- **Moradia:** Suponha que você gaste 30% da sua renda com aluguel e contas de casa. Se isso for acima do que você deseja, pode explorar opções como renegociar o aluguel ou reduzir o consumo de energia.

- **Transporte:** Se você descobre que está gastando muito com transporte, talvez seja o momento de considerar o uso de transporte público, caronas ou até mesmo caminhar ou pedalar quando possível.

Identificando Gastos Desnecessários

Gastos desnecessários são aqueles que não trazem um valor significativo para sua vida ou não contribuem para seus objetivos financeiros. Eles podem ser compras por impulso, serviços que você não utiliza plenamente, ou assinaturas que não justificam o custo.

Como Identificar Esses Gastos?

Reveja suas Categorias de Despesas: Olhe para cada categoria e pergunte-se se todos os gastos são necessários ou se poderiam ser reduzidos ou eliminados.

Priorize Necessidades Sobre Desejos: Avalie se o dinheiro está sendo gasto em coisas essenciais (necessidades) ou em coisas que você poderia viver sem (desejos).

Use a Regra dos 30 Dias: Para compras maiores, adote a regra de esperar 30 dias antes de comprá-las. Isso ajuda a evitar compras por impulso.

Exemplos de Gastos Desnecessários

Assinaturas de Serviços: Avalie se você realmente precisa de todas as assinaturas de streaming, academias, revistas, etc. Se você não está utilizando, considere cancelar ou substituir por alternativas mais baratas.

Compras por Impulso: Se você tem o hábito de comprar coisas que não precisa só porque estão em promoção, considere evitar lojas ou sites de compras quando não estiver precisando de algo específico.

Comer Fora: Se almoçar ou jantar fora frequentemente está consumindo uma parte significativa do seu orçamento, cozinhar mais em casa pode ser uma maneira eficaz de reduzir gastos.

Ferramentas de Rastreamento Financeiro

Monitorar suas finanças regularmente é essencial para garantir que você está no caminho certo para atingir suas metas financeiras. O rastreamento ajuda a identificar tendências de gastos, prever despesas futuras e ajustar seu orçamento conforme necessário.

Ferramentas e Aplicativos Recomendados

Planilhas de Orçamento: Usar planilhas no Excel ou Google Sheets é uma maneira simples e eficaz de monitorar seus gastos. Você pode personalizar as planilhas para atender às suas necessidades específicas.

Aplicativos de Finanças Pessoais: Aplicativos como Mint, YNAB (You Need A Budget), ou Mobills podem sincronizar com suas contas bancárias, categorizar automaticamente seus gastos e fornecer relatórios detalhados.

Apps de Bancos Digitais: Alguns bancos digitais oferecem ferramentas de gerenciamento de despesas que ajudam a categorizar e visualizar seus gastos.

Anotações Manuais: Se você preferir um método mais tradicional, pode usar um caderno ou agenda para anotar todas as suas despesas diariamente.

Como Escolher a Melhor Ferramenta para Você

Considerar a Facilidade de Uso: Escolha uma ferramenta que você ache fácil de usar e que possa ser integrada à sua rotina diária sem muito esforço.

Verificar Funcionalidades: Algumas ferramentas oferecem funcionalidades extras, como alertas de orçamento, metas de economia e relatórios personalizados. Verifique quais recursos são mais importantes para você.

Custo-Benefício: Embora muitos aplicativos sejam gratuitos, alguns podem ter uma versão premium paga. Avalie se as funcionalidades extras justificam o investimento.

Exemplo Prático: Montando Seu Diagnóstico Financeiro

- **Perfil:** João, 30 anos, solteiro, trabalha como analista de TI e mora sozinho em um apartamento alugado.
- **Renda Mensal:** R$ 5.000,00
- **Despesas Fixas:**
  - **Aluguel:** R$ 1.200,00
  - **Contas de Energia, Água, Internet:** R$ 500,00
  - **Transporte:** R$ 400,00
  - **Alimentação:** R$ 800,00
- **Despesas Variáveis:**
  - **Entretenimento (cinema, streaming, etc.):** R$ 300,00
  - **Lazer (jantares, bares, viagens):** R$ 500,00
  - **Compras por Impulso:** R$ 200,00
  - **Academia:** R$ 100,00
  - **Despesas Totais:** R$ 4.000,00
  - **Poupança Mensal Atual:** R$ 1.000,00

Análise:

- **Gastos desnecessários identificados:** João percebeu que poderia economizar no entretenimento, nas compras por impulso e nas saídas de lazer. Ele decide cortar as compras por impulso e reduzir os jantares e bares pela metade, economizando R$ 300,00 mensais.

- **Resultado:** Após ajustes, as despesas mensais de João caem para R$ 3.700,00, permitindo que ele economize R$ 1.300,00 por mês.

Ferramenta de Rastreamento:

João opta por usar o aplicativo Mobills, que sincroniza com suas contas e categoriza automaticamente suas despesas. Ele define um alerta para quando ultrapassar o orçamento destinado ao lazer, ajudando-o a manter o controle.

Reflexão Final: Conhecimento é Poder

Agora que você tem uma visão clara de onde está sua vida financeira, está pronto para tomar o controle. Lembre-se, conhecimento é poder. Ao entender seus gastos e identificar áreas para melhorar, você já deu um grande passo em direção à liberdade financeira. Nos próximos capítulos, vamos explorar como transformar essa análise em ação prática, começando a cortar despesas desnecessárias e abrir caminho para um futuro mais próspero.

Estratégias Práticas para Reduzir Gastos

Agora que você já conhece sua situação financeira atual, o próximo passo é começar a fazer ajustes para reduzir despesas. Este capítulo vai apresentar estratégias práticas e eficazes para cortar gastos sem comprometer sua qualidade de vida. A ideia aqui é otimizar seu orçamento, eliminando excessos e aproveitando ao máximo seu dinheiro.

Criando um Orçamento Realista

Um orçamento é um plano financeiro que te ajuda a controlar seus gastos e garantir que você está vivendo dentro das suas possibilidades. Ele é crucial para manter o equilíbrio financeiro e evitar o acúmulo de dívidas.

Como Montar um Orçamento Eficaz?

- **Liste Sua Renda Total**: Inclua todos os tipos de renda, como salário, bônus, rendas extras, etc.

- **Liste Suas Despesas Fixas e Variáveis**: Use as informações coletadas no Capítulo 1 para listar suas despesas.

- **Priorize as Necessidades**: Aluguel, contas, alimentação e transporte devem ter prioridade no orçamento.

- **Estabeleça Limites para Gastos Variáveis**: Determine um valor máximo para cada categoria de gastos variáveis, como entretenimento e lazer.

- **Inclua um Valor para Poupança e Investimentos**: Destine uma parte da sua renda para poupança ou investimentos antes de planejar outros gastos.

Revisando e Ajustando o Orçamento

- **Avaliação Mensal**: Todo mês, revise o orçamento para ver se você ficou dentro dos limites estabelecidos. Ajuste conforme necessário.

- **Flexibilidade**: Tenha em mente que o orçamento não é rígido. Se surgir uma necessidade inesperada, ajuste o orçamento, mas mantenha o foco em suas prioridades.

Reduzindo Despesas Fixas

- **Renegociar Aluguel**: Se possível, tente renegociar o aluguel com o proprietário. Argumente com base em valores de mercado ou considere mudar para um local mais acessível.

- **Revisão de Planos e Serviços**: Verifique se os planos de internet, TV, celular, entre outros, são realmente necessários. Muitas vezes, é possível reduzir o valor dessas contas optando por planos mais básicos ou mudando de fornecedor.

- **Assinaturas de Serviços**: Analise se todas as suas assinaturas mensais são indispensáveis. Cancele aquelas que não são utilizadas frequentemente ou que podem ser substituídas por alternativas gratuitas.

Reduzindo o Consumo de Energia e Água

- **Energias Renováveis e Eficiência Energética:** Se possível, invista em dispositivos de eficiência energética, como lâmpadas LED e aparelhos com selo Procel A. Além disso, considere o uso de energias renováveis, como painéis solares.

- **Mudanças de Hábito:** Pequenas mudanças, como desligar luzes ao sair dos cômodos, tomar banhos mais curtos e desligar aparelhos da tomada quando não estiverem em uso, podem resultar em economia significativa.

- **Verificar Vazamentos:** Conserte vazamentos em torneiras e chuveiros, que podem aumentar a conta de água.

Compras

- **Compras Inteligentes e Promoções:** Aproveite promoções, cupons e cashbacks, mas apenas para itens que realmente necessita. Evite compras por impulso.

- **Comprar Usado:** Considerar a compra de itens usados em bom estado, como móveis, eletrônicos e roupas, pode resultar em grandes economias.

- **Minimalismo e Sustentabilidade:** Adote uma mentalidade minimalista, comprando apenas o necessário e optando por itens duráveis que justifiquem o investimento a longo prazo.

Automatizando Suas Finanças

- **Evitar Multas e Juros:** Configurar pagamentos automáticos para contas recorrentes, como aluguel, contas de luz e água, pode ajudar a evitar esquecimentos e, consequentemente, multas e juros.

- **Facilidade no Controle de Gastos:** Automatizar pagamentos também facilita o controle do orçamento, pois permite prever com maior precisão quanto será gasto mensalmente.

Automatizando Poupança

Transferências Automáticas para Poupança: Configure transferências automáticas para sua conta poupança ou de investimentos logo após o recebimento do salário. Isso garante que você priorize suas economias antes de considerar outras despesas.

Aplicativos de Investimento: Utilize aplicativos que arredondam suas compras para o valor mais próximo e investem a diferença automaticamente, ajudando a poupar sem esforço.

Reflexão Final: A Importância da Consciência Financeira

Cortar gastos não significa sacrificar sua qualidade de vida. Pelo contrário, é sobre fazer escolhas conscientes que te permitem viver dentro das suas possibilidades, sem estresse financeiro. As estratégias que você aprendeu aqui são o início de um processo contínuo de otimização financeira, onde pequenas mudanças fazem uma grande diferença. Com essas ações, você está construindo uma base sólida para alcançar seus objetivos financeiros.

Desafios de 30 Dias para Reduzir Gastos

Mudar hábitos financeiros pode parecer uma tarefa difícil, mas com o tempo e a prática, essas mudanças se tornam parte da sua rotina. Uma maneira eficaz de implementar essas mudanças é através de desafios de 30 dias. Este capítulo vai apresentar diferentes desafios que você pode adotar para reduzir seus gastos de forma significativa, transformando pequenas ações em grandes economias.

Desafio de 30 Dias Sem Gastos Supérfluos

O objetivo deste desafio é eliminar completamente os gastos com itens não essenciais por 30 dias. Isso inclui coisas como jantares fora, compras por impulso, entretenimento pago, e qualquer outra despesa que não seja absolutamente necessária.

Como Funciona:

- **Lista de Assinaturas Ativas**: Faça uma lista de todas as suas assinaturas e serviços, como streaming, academia, revistas, entre outros.

- **Avaliação de Uso**: Para cada assinatura, avalie se você realmente a utiliza o suficiente para justificar o custo.

- **Cancelamento de Serviços Desnecessários**: Cancele ou renegocie todos os serviços que não são essenciais ou que podem ser substituídos por alternativas mais baratas ou gratuitas.

- **Substituição por Alternativas Gratuitas**: Sempre que possível, substitua assinaturas pagas por alternativas gratuitas ou de menor custo.

Benefícios Esperados

Redução de Despesas Fixas: Cancelar assinaturas desnecessárias reduz diretamente suas despesas mensais.

Simplificação: Menos assinaturas e serviços significa menos complexidade na gestão do seu orçamento.

Redirecionamento de Fundos: O dinheiro economizado pode ser redirecionado para poupança, investimentos ou outras áreas mais importantes.

Reflexão Final: O Impacto dos Desafios na Sua Vida Financeira

Pequenas mudanças diárias, quando mantidas ao longo de 30 dias, podem ter um enorme impacto na sua vida financeira, criando hábitos que podem durar para sempre. Esses desafios não apenas ajudam a economizar dinheiro, mas também aumentam sua conscientização sobre como você gasta e administra seus recursos. Cada desafio é uma oportunidade de aprender mais sobre suas finanças pessoais e de se aproximar dos seus objetivos financeiros. Ao final desses 30 dias, você estará mais preparado para tomar decisões financeiras conscientes e sustentáveis, contribuindo significativamente para a sua estabilidade e independência financeira

Plataformas de Freelancer

Upwork
Descrição: Uma das maiores plataformas de freelancing, onde você pode encontrar projetos em áreas como redação, design, programação, marketing e muito mais.

Freelancer
Descrição: Oferece uma ampla gama de projetos e empregos em diferentes áreas, permitindo que você envie propostas para trabalhos que atendam às suas habilidades.

Upwork
Descrição: Uma das maiores plataformas de freelancing, onde você pode encontrar projetos em áreas como redação, design, programação, marketing e muito mais.

Fiverr
Descrição: Plataforma onde você pode oferecer serviços a partir de $5. É ideal para serviços específicos e rápidos, como design gráfico, redação e programação.

Workana
Descrição: Focada no mercado latino-americano, oferece projetos em áreas como TI, design, marketing e mais. É uma boa opção para freelancers que falam espanhol ou português.

Guru
Descrição: Permite que você crie um perfil e ofereça seus serviços em uma variedade de categorias. Os trabalhos podem ser encontrados por meio de buscas ou propostas diretas.

Toptal
Descrição: Focada em conectar freelancers de alta qualidade com empresas de topo. Ideal para profissionais com experiência em tecnologia e finanças.

Plataformas de Freelancer

99designs
Descrição: Específica para designers gráficos, oferecendo oportunidades para concursos de design e projetos diretos com clientes.

PeoplePerHour
Descrição: Permite que você ofereça seus serviços por hora ou projeto e encontre oportunidades de trabalho freelance em diversas áreas.

SimplyHired
Descrição: Um motor de busca de empregos que lista vagas freelance, temporárias e permanentes em diversas indústrias.

Fiverr
Descrição: Plataforma onde você pode oferecer serviços a partir de $5. É ideal para serviços específicos e rápidos, como design gráfico, redação e programação.

FlexJobs
Descrição: Foca em trabalhos flexíveis e remotos, incluindo freelancing, e tem uma curadoria rigorosa para garantir a qualidade das oportunidades.

Behance
Descrição: Ideal para criativos, especialmente designers e artistas. Além de portfólios, você pode encontrar projetos freelance e oportunidades de trabalho.

Simply Hired
Descrição: Motor de busca de empregos que também lista oportunidades freelance em diversas categorias.

Mentalidade Financeira

Mindset de Prosperidade:
Desenvolver uma mentalidade voltada para o crescimento financeiro é crucial para alcançar sucesso a longo prazo. O foco deve estar em:

Visão a Longo Prazo: Evitar decisões impulsivas que trazem benefícios imediatos, mas prejudicam o futuro.

Investimento em Conhecimento: A importância de se educar financeiramente, buscando informações sobre investimentos, orçamento e boas práticas de gestão de dinheiro.

Abertura para Oportunidades: Estar sempre atento a novas maneiras de ganhar dinheiro ou cortar custos, mantendo uma mentalidade flexível.

O Poder dos Pequenos Hábitos: Pequenas mudanças diárias podem ter um grande impacto nas finanças. Algumas sugestões:

Corte de pequenos gastos recorrentes: Como deixar de comprar um café diário pode resultar em economias significativas ao longo de um ano.

Automatização de Poupança: Estabelecer transferências automáticas para uma conta de poupança no início do mês pode ajudar a criar uma reserva de emergência de forma contínua.

Revisão periódica do orçamento: Fazer uma revisão semanal ou mensal para garantir que está dentro do planejamento e ajustar conforme necessário.

Evitar Comparações Financeiras: O impacto de viver conforme suas possibilidades, sem tentar acompanhar o padrão de consumo de outras pessoas, é essencial para manter a saúde financeira.

Gratidão e Controle Emocional: A prática da gratidão pode ajudar a controlar o impulso de gastar desnecessariamente, concentrando-se mais no que você já tem do que no que sente que falta.

Estratégias de Compras

Compras Inteligentes: Comprar de forma consciente é uma das maneiras mais eficazes de economizar. Aqui estão algumas dicas práticas:

Planeje suas compras: Evite compras por impulso criando uma lista antes de ir ao mercado ou shopping. Use essa lista como guia para manter o foco no essencial.

Compare preços: Use comparadores de preços online ou em aplicativos para garantir que você está pagando o menor valor possível por um item.

Use cupons e cashback: Plataformas e aplicativos de cupons e cashback podem oferecer descontos ou dinheiro de volta em compras feitas em lojas parceiras.

Aproveite promoções e liquidações: Saber quando os produtos entram em promoção, como durante a Black Friday, pode permitir economias significativas em compras planejadas.

Planejamento de Grandes Compras: Grandes aquisições exigem planejamento e disciplina. Algumas estratégias úteis são:

Pesquise com antecedência: Para itens de alto valor, como eletrodomésticos ou eletrônicos, compare as marcas e funcionalidades. Leia avaliações e opiniões para evitar compras impulsivas.

Fazer uma poupança prévia: Antes de comprar algo caro, comece a poupar especificamente para esse objetivo, criando uma conta separada.

Negociação: Sempre que possível, tente negociar o preço, especialmente em lojas físicas ou para itens usados.

Adiar compras grandes: Pergunte a si mesmo se a compra é realmente necessária naquele momento ou se pode ser adiada até que você consiga uma melhor condição financeira ou desconto.

Economia Compartilhada

A economia compartilhada está transformando a forma como consumimos produtos e serviços, permitindo que as pessoas economizem dinheiro ao dividir recursos. Isso é especialmente relevante para quem quer reduzir gastos sem sacrificar o acesso a bens e serviços.

Divisão de Recursos

Compartilhar bens ou serviços é uma excelente maneira de reduzir despesas. Algumas práticas incluem:

Carona Compartilhada (carpooling): Dividir o carro para trajetos comuns, como o trabalho ou viagens curtas, reduz consideravelmente os custos com combustível e manutenção.

Aluguel de Itens Ocasionalmente Usados: Alugar itens caros que são usados raramente, como furadeiras, equipamentos de jardinagem, ou até eletrônicos para eventos, ao invés de comprá-los, é uma forma eficiente de poupar dinheiro.

Co-working e Escritórios Compartilhados: Para pequenos empreendedores ou freelancers, trabalhar em espaços de co-working pode ser mais barato do que manter um escritório próprio.

Compartilhamento de Ferramentas Domésticas: Em comunidades, vizinhos podem dividir ferramentas e equipamentos como cortadores de grama, furadeiras, ou até eletrodomésticos, reduzindo a necessidade de cada pessoa adquirir seu próprio equipamento.

Plataformas de Troca e Venda

A venda e troca de bens usados pode gerar renda extra e evitar o desperdício. Algumas opções incluem:

Brechós e Aplicativos de Venda de Roupas Usadas: Usar aplicativos ou sites para vender roupas, acessórios, ou eletrônicos que não usa mais, gerando renda com itens parados em casa.

Mercado de Segunda Mão para Eletrônicos e Móveis: Plataformas como OLX, Mercado Livre, e Facebook Marketplace permitem vender itens como móveis, eletrodomésticos e eletrônicos. Além disso, você pode comprar produtos

Serviços de Carros Compartilhados (Carsharing)

Aluguel por Horas: Se você não precisa de um carro todos os dias, serviços de compartilhamento de carros (carsharing) como o Zazcar ou o Uber Rent oferecem aluguel de veículos por horas ou dias. Isso evita os custos fixos de manutenção, seguro e impostos.

Uso Coletivo de Carros por Bairros ou Empresas: Em alguns bairros e empresas, há iniciativas de compartilhamento de veículos, onde várias pessoas utilizam o mesmo carro em momentos diferentes, dividindo os custos.

Economia de Espaços Compartilhados

Hospedagem Compartilhada (Airbnb, Couchsurfing): Alugar quartos ou compartilhar sua casa por meio de plataformas como Airbnb pode gerar uma renda extra e ajudar a cobrir o custo de hipoteca ou aluguel.

Aluguel de Quartos ou Espaços Subutilizados: Se você tem um espaço subutilizado, como um quarto extra ou uma garagem, pode alugá-los para gerar renda adicional.

Plataformas de Aluguel de Coisas

Alugar Objetos de Valor Alto: Serviços que permitem alugar desde câmeras fotográficas, drones até equipamentos de áudio e vídeo. Isso pode ser vantajoso tanto para quem não quer comprar itens caros quanto para quem quer ganhar dinheiro com equipamentos que usa pouco.

Ferramentas de Aluguel de Roupas: Para eventos especiais, como casamentos ou festas, plataformas que alugam roupas e acessórios podem ajudar a economizar sem deixar de estar elegante.

Essas práticas de economia compartilhada não só ajudam a reduzir despesas, mas também incentivam o consumo consciente e sustentável, promovendo o uso eficiente de recursos e diminuindo o desperdício

Minhas metas:

3 meses :

6 meses:

1 ano:

2: ano

3 ano:

Nesta meta voce irá escrever como deseja estar a partir de hoje, diariamente leia as suas metas.

O dinheiro é uma ferramenta; use-o para construir a vida que você deseja, não para viver uma vida de dívidas.

Educação Financeira: O Alicerce da Prosperidade

A educação financeira é o alicerce sobre o qual você pode construir uma vida financeira sólida e próspera. Sem ela, mesmo uma alta renda pode se dissipar em gastos descontrolados e investimentos mal planejados. A verdade é que a maioria das pessoas não aprendeu como gerenciar seu dinheiro de forma eficaz na escola. Isso significa que, muitas vezes, somos deixados a aprender sobre finanças pessoais por nós mesmos, o que pode ser uma jornada difícil e cheia de erros.

O que é educação financeira? É o processo de aprender e entender como gerenciar suas finanças pessoais, incluindo o orçamento, a poupança, o investimento e a gestão de dívidas. Conhecimentos básicos como a diferença entre ativos e passivos, como funcionam os juros compostos e como fazer um planejamento financeiro são cruciais para tomar decisões informadas e construir um futuro econômico estável.

Por que é importante? Quando você é financeiramente educado, consegue identificar oportunidades de investimento, evitar dívidas desnecessárias e fazer escolhas conscientes sobre como gastar e poupar seu dinheiro. A educação financeira também ajuda a evitar armadilhas comuns, como endividamento com cartões de crédito e empréstimos com juros altos. Além disso, ela dá poder a você para criar e seguir um plano financeiro que se alinha com seus objetivos de vida, seja comprar uma casa, garantir uma aposentadoria confortável ou financiar a educação dos filhos.

Dica prática: Inicie sua jornada educacional com livros renomados sobre finanças pessoais, como "Pai Rico Pai Pobre" de Robert Kiyosaki ou "O Homem Mais Rico da Babilônia" de George S. Clason. Participe de workshops e cursos online que abordem finanças pessoais e investimentos. Envolva-se em comunidades financeiras online, onde você pode aprender com experiências de outros e tirar dúvidas. A prática constante e a aplicação do conhecimento adquirido em seu próprio planejamento financeiro transformarão sua visão sobre o dinheiro e abrirão portas para novas oportunidades.

A educação financeira não é uma meta a ser alcançada, mas um processo contínuo de aprendizado e aplicação. Invista tempo e esforço em sua educação financeira, pois ela representa um dos maiores investimentos que você pode fazer para garantir um futuro financeiro seguro e bem-sucedido.

O Poder do Investimento Inteligente

Investir é uma das ferramentas mais poderosas para transformar sua vida financeira. Enquanto economizar é fundamental para criar uma base financeira, investir é o que potencializa o crescimento do seu patrimônio ao longo do tempo. No entanto, investir de maneira eficaz exige conhecimento, estratégia e paciência.

O que significa investir? Investir é alocar seu dinheiro em ativos com o objetivo de obter um retorno financeiro. Esses ativos podem incluir ações, títulos, imóveis, fundos de investimento e muito mais. A diferença crucial entre poupança e investimento é que, enquanto a poupança envolve manter o dinheiro em um lugar seguro com baixo risco e baixa rentabilidade, o investimento envolve o risco, mas também o potencial de maiores retornos.

Por que o investimento é importante? O principal benefício dos investimentos é o potencial para multiplicar seu dinheiro. Através dos juros compostos, você não apenas ganha sobre o capital inicial, mas também sobre os rendimentos acumulados. Isso significa que, com o tempo, seus investimentos podem crescer exponencialmente. Além disso, investir ajuda a proteger seu dinheiro contra a inflação, que pode erodir o poder de compra das economias mantidas em contas de poupança de baixo rendimento.

Dica prática: Comece criando uma carteira de investimentos diversificada. Inclua uma combinação de ações, títulos e fundos mútuos para equilibrar risco e retorno. Se você é novo no mundo dos investimentos, considere começar com fundos de índice ou ETFs, que oferecem exposição a uma ampla gama de ativos com custos relativamente baixos. Gradualmente, à medida que adquire experiência e confiança, explore outras opções de investimento mais sofisticadas, como imóveis e ações individuais.

Desenvolvendo uma Mentalidade de Crescimento Financeiro

Desenvolver uma mentalidade de crescimento financeiro é essencial para superar obstáculos e alcançar sucesso a longo prazo. Uma mentalidade de crescimento envolve a crença de que suas habilidades e conhecimentos podem ser desenvolvidos com esforço e aprendizado contínuos. No contexto financeiro, isso significa ver as finanças não apenas como uma questão de riqueza atual, mas como uma área em constante evolução e aprimoramento.

Como a mentalidade de crescimento impacta suas finanças? Pessoas com uma mentalidade de crescimento estão abertas a aprender com seus erros e a procurar novas oportunidades para melhorar sua situação financeira. Elas não vêem falhas como um sinal de incapacidade, mas sim como oportunidades de aprendizado e crescimento. Essa mentalidade promove a resiliência e a perseverança, ajudando-as a manter o foco em seus objetivos, mesmo diante de desafios financeiros.

Por que é importante? Uma mentalidade de crescimento permite que você veja o dinheiro como uma ferramenta para alcançar seus objetivos e criar oportunidades, em vez de uma fonte de estresse e limitação. Ao adotar essa mentalidade, você se torna mais proativo na busca de soluções financeiras, mais disposto a investir em seu próprio desenvolvimento e mais capaz de adaptar suas estratégias conforme as circunstâncias mudam.

Dica prática: Cultive o hábito de refletir sobre suas decisões financeiras e aprender com cada experiência, seja ela positiva ou negativa. Estabeleça metas financeiras claras e realistas, e ajuste-as conforme necessário com base no seu progresso e nas mudanças nas suas circunstâncias. Procure constantemente maneiras de melhorar suas habilidades financeiras, seja através de educação adicional, consultoria profissional ou simplesmente conversando com pessoas que têm experiências e conhecimentos valiosos.

Criação de Oportunidades e Rede de Contatos

Construir uma rede de contatos sólida e aproveitar as oportunidades que surgem a partir dessas conexões é uma estratégia essencial para o crescimento financeiro. Uma rede bem construída pode abrir portas para novas oportunidades de emprego, parcerias de negócios, conselhos valiosos e acesso a informações exclusivas que podem acelerar seu sucesso financeiro.

Por que a rede de contatos é importante? Em muitos casos, as melhores oportunidades não vêm de anúncios de emprego ou pesquisas na internet, mas através de conexões pessoais. Uma rede de contatos forte pode ajudar você a encontrar novas oportunidades de investimento, obter recomendações para serviços financeiros e

se beneficiar de insights e experiências de outras pessoas na área financeira. Conectar-se com pessoas que têm interesses e objetivos semelhantes pode oferecer apoio e motivação adicionais, além de abrir novas perspectivas e estratégias para alcançar seus objetivos.

Como construir uma rede de contatos eficaz? Comece por identificar pessoas em sua área de interesse que possam agregar valor à sua rede. Participe de eventos de networking, como conferências, seminários e workshops relacionados às suas áreas de interesse financeiro. Utilize plataformas profissionais como o LinkedIn para se conectar com especialistas e líderes do setor. E, não se esqueça de manter um contato regular com as pessoas da sua rede, oferecendo ajuda e apoio quando possível, o que ajudará a fortalecer essas relações.

Dica prática: Crie um plano de networking estratégico, que inclua metas de conexão e maneiras de se envolver com outras pessoas na sua área de interesse. Seja proativo em construir relacionamentos significativos e mostre interesse genuíno pelo sucesso dos outros. Participe de grupos e fóruns online, participe de discussões e ofereça suas próprias perspectivas e experiências. Lembre-se de que a qualidade das conexões muitas vezes é mais importante do que a quantidade.

A Constância é a Chave do Sucesso

A constância é um dos princípios mais subestimados, mas essenciais para alcançar e manter o sucesso financeiro. Muitas pessoas procuram soluções rápidas e fórmulas mágicas, mas a verdade é que a construção de uma base financeira sólida e a realização de objetivos financeiros exigem disciplina, paciência e consistência.

Por que a constância é crucial? Manter um plano financeiro consistente ajuda a criar hábitos saudáveis e a garantir que você esteja constantemente avançando em direção aos seus objetivos. Mudanças financeiras significativas não acontecem da noite para o dia. Elas são o resultado de pequenos passos regulares e ações bem planejadas. Se você conseguir manter uma abordagem disciplinada e consistente, mesmo em face de desafios, estará muito mais próximo de alcançar suas metas financeiras.

Como ser constante? Estabeleça um plano financeiro detalhado e siga-o rigorosamente. Inclua atividades regulares, como revisar seu orçamento, monitorar seus gastos, ajustar suas estratégias de investimento e acompanhar seu progresso em direção às metas. Crie hábitos diários ou semanais que suportem suas metas financeiras, como economizar uma porcentagem de sua renda regularmente ou investir uma quantia específica todos os meses.

Dica prática: Utilize ferramentas e aplicativos de finanças pessoais para ajudar a manter a constância. Esses recursos podem ajudar a rastrear suas despesas, lembrar de prazos e ajustar seu orçamento conforme necessário. Além disso, defina lembretes e crie um calendário financeiro para monitorar suas atividades e marcos importantes.

Lembre-se de que cada pequena ação consistente contribui para o seu sucesso financeiro a longo prazo. A persistência é o que transforma planos em resultados. Com disciplina e comprometimento, você não apenas alcançará suas metas financeiras, mas também estabelecerá uma base sólida para um futuro financeiro seguro e próspero.

Querido Leitor,

Ao chegar ao final deste guia, quero expressar minha mais sincera gratidão a você. Obrigado por dedicar seu tempo e energia para explorar as ideias e estratégias que apresentamos aqui. Seu compromisso com o aprendizado e o crescimento financeiro é a chave para transformar não apenas sua vida, mas também para abrir portas para um futuro mais estável e próspero.

Escrever este livro foi uma jornada incrível, e o fato de que você está aqui, concluindo a leitura, é uma prova do seu desejo de melhorar sua vida financeira e alcançar seus objetivos. Espero que as informações e dicas fornecidas tenham sido valiosas e que você se sinta mais preparado para enfrentar os desafios financeiros com confiança e determinação.

Lembre-se de que o caminho para uma vida financeira saudável e bem-sucedida é uma jornada contínua. Cada passo que você dá, cada decisão que toma, e cada ação que realiza contribui para a construção de um futuro financeiro sólido. Continue aprendendo, continue crescendo e, acima de tudo, continue acreditando no seu potencial.

Se você tiver dúvidas, precisar de mais orientações ou simplesmente quiser compartilhar suas conquistas, não hesite em procurar comunidades e recursos que possam apoiar sua jornada.

A educação financeira e o sucesso são processos que se beneficiam de colaboração e troca de experiências.

Mais uma vez, agradeço sinceramente por confiar em mim para guiá-lo nesta jornada. Desejo a você muito sucesso em suas empreitadas financeiras e estou ansioso para ouvir sobre suas realizações e progressos.

Com gratidão e melhores votos,

Brian Dias

www.ingramcontent.com/pod-product-compliance
Lightning Source LLC
Chambersburg PA
CBHW030109230526
45471CB00003B/1330